# Le guide
# Minecraft
## de l'alchimiste

Stéphane Pilet

D1513531

LES LIVRES DU
DRAGON D'OR

# Le guide **Minecraft** de l'alchimiste

"Minecraft" est une marque déposée par Notch Development AB

Textes écrits par Stéphane Pilet (aka Stef Leflou)
Corrections et relectures : Wild Weasel
Mise en page : Stéphane Pilet

**DRAGON D'OR**

Les Livres du Dragon d'or, un département d'Édi8
12 avenue d'Italie 75013 Paris – France

ISBN : 978-2-8212-0503-1
Dépôt légal : septembre 2015
Imprimé en Italie
Graphisme : Stéphane Pilet

# Introduction

**L**'alchimie dans **Minecraft** est un moyen important, voire incontournable de se protéger face aux puissants monstres que vous pourrez croiser dans le **Nether**. Devenir **alchimiste** en mode survie n'est cependant pas une tâche des plus simples.

**C**e livre vous permettra de vous organiser, et de comprendre où récupérer facilement les ingrédients indispensables pour créer vos potions. Il pourra également être utile si vous êtes tenté par des sessions joueurs contre joueurs. Comprendre l'effet des potions est important pour vous protéger et également affaiblir vos adversaires.

# L'alchimie et Minecraft

**L**'alchimiste de Minecraft ne passe pas son temps dans un laboratoire. Vous allez devoir aller chercher vos ingrédients, affronter des sorcières, voyager dans le Nether... Un métier pas de tout repos !

**L**'univers de **Minecraft** est gigantesque et nombreux sont les dangers que vous rencontrez en mode survie. La création de potions est indispensable pour les aventuriers qui désirent explorer les zones les plus dangereuses, comme le **Nether** ou l'**Ender**, et y affronter les monstres les plus puissants. En effet, certains d'entre eux volent et peuvent vous affaiblir facilement. L'utilisation de potions est plus que conseillée pour augmenter vos résistances aux éléments, régénérer vos points de vie ou affaiblir vos ennemis. Elles vous confèrent une protection supplémentaire et réduisent les risques de tomber au combat face à plusieurs monstres puissants. La création de potions nécessite, au préalable, de fabriquer un alambic.

# Créer un alambic

**C**réer un alambic nécessite 3 pierres ainsi qu'un bâton de blaze. C'est ce dernier qui est au départ le plus délicat à obtenir. Il faut en effet créer un portail du Nether et explorer ce monde jusqu'à découvrir une forteresse. C'est en la parcourant que vous pourrez rencontrer le blaze, un monstre de feu. En le tuant, vous aurez une chance sur deux de récupérer un bâton de blaze.

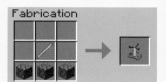

**L**a nécessité de voyager dans le Nether, pour récupérer les éléments nécessaires à la création de l'alambic, demande d'être correctement équipé, afin de survivre dans ce monde et de ramener les premiers composants. Devenir un alchimiste en mode survie est par conséquent une voie périlleuse et s'adresse aux explorateurs aguerris, capables de se forger des armures et des armes de qualité, et d'y appliquer des enchantements. Vous trouverez, à la fin de ce chapitre, un tableau récapitulatif d'un équipement standard pour partir à la "chasse au blaze".

# Chapitre 1

Une fois que vous aurez récupéré de quoi créer votre alambic, vous allez pouvoir partir à la chasse aux ingrédients. Selon le type de potion que vous allez créer, il vous faudra à nouveau voyager dans le Nether ou à la surface de l'univers de Minecraft pour les récupérer. De nombreux ingrédients se récupèrent sur des monstres, il est donc important de savoir où ces derniers apparaissent régulièrement, et dans quel type de biome (marais, jungle, forêt, etc.).

## Fabriquer des fioles

Pour créer des potions, il faut bien évidemment des fioles. Ces dernières se fabriquent simplement avec du verre. Le verre s'obtient en plaçant du sable dans un fourneau. La sorcière (que l'on rencontre dans les marais), peut lâcher jusqu'à 6 fioles, lorsqu'elle est vaincue. Il est dans tous les cas bien plus rapide de créer ses fioles en récupérant du sable que de partir à la chasse à la sorcière. En revanche, la sorcière peut parfois lâcher des ingrédients utiles à la création de potions.

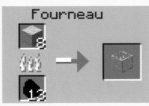

Fourneau

# La poudre à canon

**L**a poudre à canon est un ingrédient indispensable pour pouvoir créer vos potions volatiles. Vous pouvez en récupérer en éliminant les creepers, les sorcières et les ghasts (qui vivent dans le Nether). En explorant les donjons, vous aurez également une chance de trouver cet ingrédient dans les coffres.

**L**e principe de la création d'une potion consiste à concocter une potion de base (à l'aide d'eau et d'une verrue du Nether) qui sert ensuite à créer les autres. Il s'agit de la **potion malsaine** ("awkward potion"). Une fois cette première potion créée, vous pourrez ajouter un ingrédient à l'intérieur (en utilisant à nouveau l'alambic) et ainsi confectionner la potion désirée. Le processus de création nécessite plusieurs étapes, et par conséquent de l'organisation dans votre

# Chapitre 1

équipement. Je vous conseille de créer une pièce dédiée, d'y poser votre (ou vos) alambic(s), vos coffres d'ingrédients et un point d'eau.

Les potions que vous pouvez créer peuvent être de deux types. Celles que vous consommez et dont l'effet s'appliquera sur votre personnage ; et les autres potions (dites volatiles), que vous pouvez jeter sur des monstres,

## La potion malsaine

Pour créer cette potion, il faut remplir les fioles d'eau, puis les placer dans l'alambic et enfin ajouter une verrue du Nether. Notez que la potion malsaine est également appelée "potion étrange" sur de nombreux sites Internet (ou "awkward potion" en anglais). La verrue du Nether se récupère dans les forteresses du Nether.

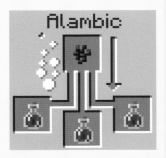

# La verrue du Nether

**L**a base de création des potions étant liée aux verrues du Nether, il est important d'en faire la culture afin de ne pas avoir à faire d'incessants allers-retours. Pour cultiver vos verrues du Nether, il suffit de ramener à proximité de votre abri du sable des âmes (qui se récupère également dans le Nether) et d'y planter les verrues du Nether que vous aurez récupérées. Lorsque la verrue est arrivée au terme de son développement, elle fournit jusqu'à 4 verrues lors de sa récolte. N'hésitez pas à faire une plantation importante afin de ne jamais manquer de cet ingrédient principal.

d'autres joueurs... ou également sur vous. De base, une potion ne peut être utilisée que sur votre personnage. Pour la transformer en potion volatile, il faut ajouter de la poudre à canon. La transformation d'une potion peut se faire sur une potion malsaine et également sur une potion déjà concoctée. Vous pouvez par exemple vous créer une réserve de potions malsaines et de potions volatiles, puis ajouter par la suite vos ingrédients pour finaliser vos mélanges.

es potions volatiles sont très utiles pour affaiblir les créatures les plus puissantes du jeu et sont également beaucoup utilisées dans les modes de jeu PvP (joueurs contre joueurs). De nombreux serveurs permettent l'utilisation de potions. Soyez attentifs lorsque vous lancez une potion volatile contre un joueur. Lorsque la fiole touche le joueur ou explose près de lui, les effets peuvent également affecter les joueurs proches de l'explosion, vous compris.

# Votre premier alambic

**A**vant de détailler de manière plus précise les différents types de potions, voici les étapes à suivre pour récupérer vos premiers bâtons de blaze et construire votre premier alambic.

**L**e blaze étant un monstre qui vit dans le Nether, la première étape consiste à récupérer le minerai d'obsidienne afin de créer un portail du Nether. Ce minerai n'apparaît pas naturellement dans le monde de Minecraft. Il se crée en versant de l'eau sur de la lave. Il peut ensuite s'extraire à l'aide d'une pioche de diamant. Lorsque vous creusez vos galeries afin de récupérer les minerais enfouis, il y a de fortes chances de rencontrer des lacs de lave dans les sous-sols. Avant de partir à la recherche de ces sources de lave, il vous faut créer plusieurs seaux que vous remplirez d'eau. N'oubliez pas de conserver les diamants que vous récupérez pour fabriquer plusieurs pioches en diamant.

# Chapitre 1

## Seau et pioche

**V**ous aurez besoin de lingots de fer afin de fabriquer vos seaux. Le fer est un minerai qui se récupère assez facilement dans les sous-sols. N'oubliez pas non plus de créer un fourneau (à l'aide de pierres) afin de pouvoir fondre le minerai de fer en lingots. Les minerais de diamant sont plus rares mais on en trouve plus facilement à partir de la couche 15 (dans Minecraft, la couche la plus basse où vous pourrez creuser est 1 et en moyenne la surface du monde se trouve autour de la couche 60). Vous trouverez souvent des lacs de lave autour du niveau de profondeur 15 et moins.

**E**n versant un seau d'eau sur un bloc de lave, ce dernier se transforme en bloc d'obsidienne. Il faut récupérer au moins 8 blocs d'obsidienne afin de pouvoir construire un portail du Nether. Le passage doit faire 3 blocs de large sur 3 blocs de haut. Vous pouvez construire le portail comme sur l'illustration pour qu'il fonctionne. Il faut ensuite fabriquer un briquet et l'utiliser sur l'un des bords du portail pour l'activer.

Lorsque vous entrez dans le portail, vous passez dans le Nether. Mais avant de vous y aventurer, équipez-vous correctement, afin de partir à la chasse au blaze dans les meilleures conditions.

L'équipement le plus simple à créer et le moins coûteux pour un premier voyage dans le Nether se compose d'un set complet d'armure en fer. Un set d'armure est composé d'un casque, d'une cuirasse, de jambières et de bottes. L'ensemble nécessite 24 lingots de fer.

## Le briquet

Le briquet se fabrique en récupérant du silex. Le silex est un matériau commun dans l'univers de Minecraft et que l'on trouve rapidement en creusant les blocs de gravier (au même titre que la pierre ou le sable). Le silex est également utilisé dans la création de flèches. Vous aurez alors besoin d'en fabriquer en nombre, car la chasse au blaze est plus simple si vous êtes équipé d'une arme à distance, comme un arc.

## ⚔ Équipement de base ⚔

**L**orsque vous portez toutes les pièces qui composent une armure, vous obtenez une protection qui réduira les dégâts que vous recevrez de 62.5%. La meilleure protection vient du set d'armure en diamant (83.3%), mais ce type d'armure est au départ trop coûteux en diamants. Si vous avez récupéré suffisamment de blocs d'obsidienne et de diamant, vous pourrez vous créer une table d'enchantement. Cette dernière pourrait vous permettre d'ajouter un effet de protection supplémentaire à vos pièces d'armure.

| Équipement | Protection | Recette |
|---|---|---|
| Casque | 1 | |
| Cuirasse | 3 | |
| Jambières | 2,5 | |
| Bottes | 1 | |

# Table d'enchantement

**L**a table d'enchantement nécessite 4 blocs d'obsidienne, 2 diamants et un livre. Le livre peut être créé à l'aide de 3 feuilles de papier (fabriquées avec de la canne à sucre) et du cuir (que l'on trouve en tuant des vaches). Pour enchanter un objet, vous aurez besoin de lapis-lazulis. L'enchantement proposé est aléatoire et coûte également des niveaux d'expérience. Si vous avez une réserve de lapis-lazulis, n'hésitez pas à tenter d'enchanter vos pièces d'armure. Vous pourrez ainsi obtenir une protection supplémentaire contre le feu ou les projectiles, par exemple.

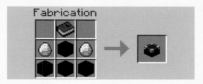

**I**l faut ensuite vous forger une arme adéquate. Outre l'épée (que vous pouvez également tenter d'enchanter), il est indispensable de partir avec un (ou plusieurs) arc(s) et des flèches. Le blaze étant un monstre qui peut attaquer à distance, vous éviterez ainsi de subir des dégâts avant de venir au contact avec lui. Une autre astuce consiste à récupérer des boules de neige. Le blaze y est sensible (une boule de

neige lui causera 1.5 point de dégâts). Les boules de neige se récupèrent en pelletant de la neige (que vous trouverez dans les biomes taïga froide, plaine de glace ainsi que collines extrêmes à partir de la couche d'altitude 95).

Vous devrez certainement explorer à plusieurs reprises le Nether avant de trouver les ruines où se terrent les blazes. Il y a également de fortes chances pour que vous découvriez un générateur de blazes dans ces ruines (une

## Le blaze

Le blaze est un monstre que l'on ne rencontre que dans certains endroits spécifiques du Nether : les ruines. Ces ruines s'apparentent à des donjons, composés d'escaliers, de couloirs, de ponts. Le blaze est une créature qui possède 20 points de vie (10 cœurs). Ses boules de feu occasionnent entre 4 et 8 points de dégâts selon le niveau de difficulté dans lequel vous jouez. Lorsqu'il meurt, il y a une chance sur deux pour qu'il lâche un bâton de blaze.

# Ingrédients du Nether

**V**oyager dans le Nether est le seul moyen de récupérer les ingrédients indispensables suivants : verrue de Nether, sable des âmes, bâton de blaze. Les monstres qui y vivent peuvent vous permettre également de récupérer des ingrédients de potions comme la crème de magma, les pépites d'or, les larmes de ghast ou encore la poudre à canon.

cage qui lâche régulièrement ces créatures dans l'univers). Si c'est le cas, il est intéressant de vous placer à proximité de cette cage, en creusant le sol et en créant une ouverture qui vous permettra d'attaquer les blazes qui en sortent, tout en restant à couvert et en diminuant le risque de vous prendre les dégâts de leurs boules de feu. Pour éviter toute mauvaise surprise, je vous conseille également de créer un abri autour du portail du Nether lorsque vous y entrez

# Chapitre 1

la première fois. Posez un ou plusieurs coffres afin d'y entreposer régulièrement les matériaux que vous récupérez dans le Nether, ainsi que des armes et armures de rechange dans le cas où vous feriez une mauvaise rencontre (ou une mauvaise chute). Lors de vos sorties d'exploration, ne portez que le minimum sur vous. Il n'est pas toujours évident de retrouver ses effets après une chute.

**M**ieux vous préparez votre base, plus vos chances de récupérer les éléments vous permettant de commencer l'alchimie dans de bonnes conditions seront importantes. Soyez patient et prudent.

## Pas de lit dans le Nether

**A**ttention, n'essayez pas de poser un lit dans le Nether, ce dernier exploserait. Contentez-vous de sécuriser le lieu, de créer des ouvertures pour explorer le Nether sans vous mettre en danger. Posez des coffres, un fourneau, un établi et une enclume afin de pouvoir entreposer vos matériaux régulièrement, réparer vos armes et votre équipement. La tâche ne sera pas simple au départ, alors créez un abri de petite taille que vous agrandirez par la suite.

# Les potions de base

**E**n tant que futur alchimiste, il est important de comprendre le fonctionnement de la création des potions. Une fois le concept compris, vous ne partirez plus à la chasse aux ingrédients au hasard.

**L**e premier ingrédient de base qui sert à la création des principales potions est la verrue du Nether. Comme vous l'avez vu dans le chapitre précédent, cet ingrédient se récupère en voyageant dans les ruines du Nether. Pour le cultiver, il faut récupérer à la fois les verrues, ainsi que du sable des âmes. Récupérez le plus de sable possible pour ne pas être obligé de faire des allers-retours incessants. Une fois le sable des âmes posé, il suffit d'un clic droit pour planter les verrues du Nether que vous aurez récupérées. Contrairement aux autres plantes, la pousse ne peut être accélérée à l'aide de la poudre d'os. En revanche, vous pouvez planter vos verrues à l'endroit qui vous convient le mieux, cette plante n'ayant pas besoin de source lumineuse

## 1 verrue pour 3 potions

Lorsque vous entamez le processus de création des potions malsaines, placez 3 fioles d'eau dans l'alambic et une verrue de Nether. Vous obtiendrez ainsi 3 potions malsaines en utilisant une seule verrue du Nether. D'ordre général, remplissez l'alambic pour obtenir toujours 3 potions. Les alchimistes n'aiment pas gâcher les ingrédients !

particulière pour se développer. Il suffit juste d'attendre une dizaine de minutes avant de les récolter. Une pousse qui arrive à maturité donnera entre 2 et 4 verrues lors de la récolte. Pour obtenir une plantation importante, replantez la moitié de votre récolte, l'idée étant d'avoir toujours à disposition des verrues à récolter pour créer les potions malsaines.

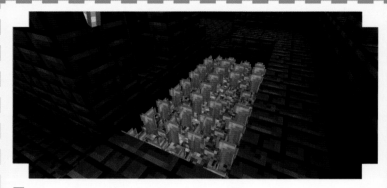

La verrue du Nether permet la création de **potions malsaines** qui sont à la base de toutes les créations de potions, à l'exception de la potion de faiblesse. Cette dernière ne peut se créer qu'à partir d'une **potion banale**. Il existe plusieurs ingrédients permettant de créer cette potion (sucre, œil d'araignée, poudre de redstone, poudre de glowstone, etc.). Toujours dans l'esprit d'économiser vos ressources, si vous choisissez de créer ce type de potion, utilisez l'ingrédient que vous avez en plus grand nombre et qui est le plus commun (la poudre de redstone, le sucre ou l'œil d'araignée sont les trois ingrédients les plus simples à récupérer).

# Un seau de lait

**D**ans l'univers de Minecraft, le lait s'utilise lorsque vous souhaitez neutraliser les effets nocifs d'une potion. Si vous croisez une sorcière et qu'elle vous empoisonne ou si par mégarde, vous avez goûté l'une de vos potions empoisonnées, buvez votre seau de lait et les effets de potions seront annulés (les bons comme les mauvais). Le lait se récupère auprès des vaches en utilisant le seau vide.

**É**vitez d'utiliser par exemple de la crème de magma. Cet ingrédient peut en effet servir à créer une potion banale, s'il est mélangé à une fiole d'eau, mais il est plus utile pour créer une potion de résistance au feu.

Créé en diamant

# Chapitre 2

## 🍶 Potions malsaines et banales 🍶

La **potion banale** sert uniquement à la création de la **potion de faiblesse**. Comme expliqué auparavant, utilisez plutôt le sucre comme ingrédient pour préparer ce type de potion. Le sucre se cultive et sera une ressource moins rare qu'une larme de ghast, par exemple.

L'alchimie peut être amenée à évoluer avec les prochaines mises à jour de Minecraft. Les recettes que vous trouverez ci-contre sont fonctionnelles jusqu'à la version 1.8.4.

| Objet | Ingrédients |
|---|---|
| Potion malsaine | fiole d'eau + verrue du Nether |
| Potion banale | fiole d'eau + pastèque scintillante |
| | fiole d'eau + larme de ghast |
| | fiole d'eau + patte de lapin |
| | fiole d'eau + poudre de blaze |
| | fiole d'eau + œil d'araignée |
| | fiole d'eau + sucre |
| | fiole d'eau + crème de magma |
| | fiole d'eau + poudre de glowstone |
| | fiole d'eau + poudre de redstone |

##  Les modificateurs

**L**es modificateurs sont des ingrédients qui permettent de modifier la durée, la puissance ou parfois le type de potion que vous souhaitez créer.

**P**our les alchimistes, il existe 4 ingrédients principaux qui vous serviront à modifier les effets de vos potions. Ces modificateurs s'utilisent une fois la potion créée. Trois de ces ingrédients se récupèrent assez facilement dans l'univers de Minecraft (poudre de redstone, œil d'araignée fermenté et poudre à canon). Le quatrième, la poudre lumineuse, se récupère dans le Nether. Mais ne vous inquiétez pas, contrairement aux verrues du Nether ou aux bâtons de blaze, cet ingrédient est assez facile à repérer et se trouve à peu près partout dans le Nether.

# La poudre de redstone

**E**n alchimie, la poudre de redstone est un modificateur qui permet de prolonger la durée de l'effet d'une potion. Cet ingrédient se récupère en minant à l'aide d'une pioche de fer ou de diamant. Vous le trouverez assez facilement pendant vos séances de minage.

poudre lumineuse, elle réduit la puissance d'une potion et en allonge la durée d'effet.

**L**es sorcières peuvent parfois lâcher cette poudre de redstone, une fois vaincues. Appliquée dans une potion concoctée à l'aide de la

# Chapitre 2

## L'œil d'araignée fermenté

**C**et ingrédient, qui permet la création de potions de faiblesse, est utilisé également pour modifier l'effet de certaines autres potions. Par exemple, ajouter ce modificateur dans une potion de rapidité la transformera en potion de lenteur. Appliqué à une potion de vision nocturne, cet ingrédient la transformera en potion d'invisibilité. Pour obtenir un œil d'araignée fermenté, il faut associer sur un établi un œil d'araignée, un champignon brun et du sucre. Le sucre s'obtient à l'aide de la canne à sucre.

## Cultiver des champignons

**I**l est possible de cultiver des champignons, plutôt que de partir à la cueillette. Pour cela, vous devez concevoir une pièce assez grande, couverte, dans laquelle vous placerez quelques torches. Le champignon ne peut se développer que lorsque la luminosité est inférieure à 12. Une torche possède une luminosité de 14, qui décroît de 1 point à chaque bloc qui s'éloigne de la torche. Vous devez donc placer vos champignons au centre de la pièce, afin que la luminosité soit suffisamment basse pour qu'ils se développent. Attention, une pièce trop peu éclairée peut provoquer l'apparition de monstres.

# La poudre lumineuse

**C**ette poudre se récupère dans le Nether sur les pierres lumineuses. Elles se trouvent assez facilement et sont souvent situées en hauteur. Lorsque vous en récupérez, prenez garde à vous situer bien en dessous, surtout si de la lave se trouve en contrebas (dans le cas contraire, la poudre pourrait tomber dans la lave et se détruire).

**E**n alchimie, cette poudre permet d'augmenter la puissance de la plupart des potions (au détriment de la durée qui sera souvent plus courte). Elle peut également annuler les effets de la poudre de redstone.

# La poudre à canon

**C**ette poudre permet de modifier une potion en potion volatile. Une potion de ce type peut être lancée sur une cible, qui sera alors affectée par les effets de la potion. Transformer ainsi vos potions est une étape importante pour combattre plus facilement certains monstres du Nether. Pour obtenir de la poudre à canon, il faut vaincre des creepers (sans qu'ils n'explosent), des ghasts ou des sorcières. Les pages suivantes vous donnent des conseils pour trouver et vaincre facilement ces créatures.

# Le creeper

**Points de vie** : 20
**Poudre à canon** : 0 à 2

**P**our vaincre un creeper sans le faire exploser, le moyen le plus sûr reste l'arc et les flèches. Deux flèches peuvent mettre à terre un creeper si vous bandez l'arc au maximum. Si vous possédez une épée en diamant, 3 coups suffiront. Si vous êtes trop proche du creeper, ce dernier se met à clignoter. Il faut alors s'éloigner rapidement afin de l'empêcher d'exploser. Un creeper qui explose ne lâchera pas de poudre à canon, ni aucun autre type de butin.

## Le ghast

**Points de vie** : 10
**Poudre à canon** : 0 à 2

Le ghast est une créature qui apparaît uniquement dans le Nether. Il s'agit d'un monstre volant : utilisez donc un arc et des flèches pour le vaincre plus facilement. Il tire des boules de feu, qui peuvent être renvoyées si vous les frappez au bon moment. Il est ainsi possible de détruire un ghast à l'aide de ses propres projectiles.

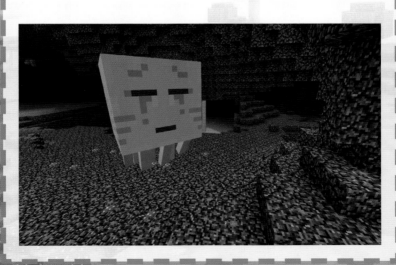

La sorcière apparaît plus souvent dans les marais, non loin des cabanes abandonnées. Un combat contre une sorcière peut être dangereux, car cette dernière peut vous lancer des potions de poison, tout en se protégeant elle-même à l'aide de différentes potions. Il est judicieux d'avoir avec vous un ou plusieurs seaux de lait, afin d'annuler les effets d'une potion si elle vous en a lancé une. Combattre une sorcière à distance permet donc d'éviter d'être touché par les effets d'une potion.

# Les ingrédients

**P**our créer vos potions, il faut récupérer des tas d'ingrédients un peu partout dans l'univers de Minecraft. Si certains se récupèrent en combattant des monstres, d'autres demandent de les cultiver ou d'explorer l'univers. Une raison supplémentaire de partir à l'aventure !

**A**vant de pouvoir fabriquer vos potions, vous allez devoir partir à la chasse aux ingrédients. Vous avez vu dans le chapitre précédent l'utilité des ingrédients modificateurs et comment les obtenir. Ce chapitre est dédié aux ingrédients qui permettent de concocter les potions. Avant de partir à leur recherche, je vous conseille d'organiser une pièce ou de l'espace à proximité de votre alambic, et

d'y placer plusieurs coffres. Construisez de petits cadres dans lesquels vous placerez l'image des objets que vous stockez et posez-les au-dessus des coffres. Ainsi, en un coup d'œil, vous saurez dans quel coffre aller chercher vos ingrédients. Ça n'a l'air de rien, mais lorsque vous aurez récupéré des dizaines voire des centaines d'ingrédients, les classer vous fera gagner un temps précieux par la suite.

# La carotte dorée

**C**et ingrédient sert à la création de la potion de **vision nocturne**. Qui dit carotte dorée dit... carotte ! Vous allez devoir trouver et cultiver une ou plusieurs carottes avant de pouvoir la transformer en carotte dorée. Il existe deux moyens de récupérer vos premières carottes. La première consiste à explorer l'univers et découvrir un village de PNJ. Si le village est bien développé, il est fort probable que vous puissiez récupérer des carottes directement dans la plantation du village. La

deuxième méthode est bien plus aléatoire, puisqu'il s'agit d'affronter des zombies. Ces derniers peuvent, de rares fois, lâcher une carotte. Pour créer une carotte dorée, il faut placer 8 pépites d'or autour d'une carotte sur un établi.

# Chapitre 3

Un lingot d'or donne 9 pépites d'or lorsque vous le placez sur un établi. La carotte dorée nécessite par conséquent des séances de minage régulières afin de récupérer du minerai d'or en bonne quantité. Pensez à protéger vos plantations de carottes en fabriquant un enclos autour. Cela protégera vos plantations des lapins, qui n'hésiteraient pas à venir se servir... Pour fabriquer une barrière, il vous faut 4 planches de bois et 2 bâtons.

## Cultiver des carottes

**P**our cultiver vos carottes, il faut labourer vos blocs de terre et planter les carottes. Pensez également à irriguer vos plantations en plaçant de l'eau à proximité de vos blocs. Pour labourer un bloc de terre, il faut utiliser la houe. Lors de la récolte, vous récupérerez 2 à 4 carottes. Replantez-en la moitié afin d'avoir toujours un bon stock de carottes à disposition.

# La patte de lapin

Les lapins apparaissent dans de nombreux biomes de Minecraft. Vous les verrez souvent en groupe. Il s'agit de créatures peureuses qui s'éloigneront de vous. Vous pouvez néanmoins les attirer à vous à l'aide de carottes ou de pissenlits. Pour obtenir une chance plus élevée de récupérer des pattes de lapin, il convient d'en faire l'élevage. Construisez un enclos assez grand afin qu'ils ne puissent pas s'échapper et utilisez une carotte pour les faire se reproduire.

Lorsque vous utilisez le clic droit sur des lapins, avec une carotte à la main, des petits cœurs vont s'afficher au-dessus d'eux. La patte de lapin est un butin assez rare, c'est pourquoi il est judicieux de conserver plusieurs lapins et de les faire se reproduire régulièrement pour augmenter vos chances de récupérer des pattes. Dans les recettes d'alchimie, la patte de lapin ne nécessite pas de transformation et s'utilise telle quelle dans une potion malsaine.

## Le lapin tueur

Il est possible que vous rencontriez, au cours de vos explorations, un lapin tueur. Ce dernier possède des yeux rouges et est agressif. Il vous attaquera à partir d'une distance de 15 blocs. Le lapin tueur peut également s'attaquer aux loups. Soyez prudent si vous en rencontrez un, car lorsqu'il attaque, il peut facilement vous tuer si vous n'êtes pas bien protégé (en mode difficile, il peut causer jusqu'à 12 points de dégâts d'un seul coup).

# La crème de magma

et ingrédient n'est pas des plus simples à fabriquer. Il faut en effet réunir deux éléments qui ne se trouvent pas naturellement dans l'univers de Minecraft. Pour les obtenir, il faut partir à la chasse au **slime** et au **blaze** (les pages suivantes vous indiquent comment les trouver et les vaincre). C'est en tuant ces monstres que vous pourrez récupérer ces deux éléments. Cela signifie voyager de nuit et également dans le Nether. Pour fabriquer la crème de magma, il faut récupérer des **boules de slime** et de la **poudre de feu**. Placez sur un établi chacun de ces ingrédients, et vous obtiendrez la crème de magma.

# Chapitre 3

## Le slime

**Points de vie** : 16

**Boules de slime** : 0 à 2

ette créature apparaît principalement dans deux types de zones. Elle peut se trouver en dessous de la couche 40, à condition d'avoir assez d'espace pour évoluer (dans des cavernes hautes de plafond par exemple) et entre les couches 50 et 70 dans les biomes marais, les nuits de pleine lune. La particularité du slime est qu'il peut se diviser en plusieurs slimes de taille réduite lorsqu'il est tué. Ainsi, un grand slime donnera 4 petits slimes, qui peuvent chacun donner jusqu'à 16 slimes minuscules, et ainsi lâcher jusqu'à 32 **boules de slime**. Attention lorsque vous combattez les slimes. Bien qu'ils ne soient pas des adversaires redoutables, le fait qu'ils apparaissent la nuit et dans les marais peut vous mettre dans une situation délicate. Vous aurez en effet souvent à faire face à des sorcières, squelettes et zombies en même temps. Soyez donc bien protégé et occupez-vous des adversaires les plus dangereux en premier (sorcières, squelettes puis zombies).

## Le blaze

Comme vous l'avez vu dans le chapitre 1, le blaze est une créature du Nether, qui n'apparaît qu'à proximité des ruines du Nether. Il faut dans un premier temps trouver ces ruines, ce qui peut nécessiter la construction de plusieurs portails du Nether dans l'univers de Minecraft. Sachez que le Nether est un univers parallèle environ 8 fois moins grand que celui de la surface de Minecraft. Si vous souhaitez créer deux portails pour atteindre des endroits différents du Nether, il faudra donc les espacer à la surface afin de découvrir une autre zone du Nether. Si par exemple vous construisez un portail aux coordonnées x=100 et z=100, vous devrez construire l'autre portail au moins aux coordonnées x=800 et z=800 pour être téléporté à un endroit différent du Nether. Il arrive qu'un portail du Nether vous téléporte à proximité d'une ruine de Nether.

Le blaze tire des boules de feu à un rythme assez soutenu. Contrairement au ghast, ses boules de feu ne peuvent lui

être renvoyées. Il faut donc s'assurer d'être en armure pour le combat. Une fois vaincu, le blaze lâche une fois sur deux un bâton de blaze. Ce dernier, placé sur un établi, produit 2 **poudres de feu**. Pour en récupérer une quantité suffisante, la méthode la plus simple consiste à trouver un générateur de blazes dans les ruines, et de construire une galerie vous menant non loin du générateur. Vous serez ainsi protégé des attaques tout en pouvant frapper les blazes qui passent à votre portée.

# Le sucre

Il existe plusieurs méthodes pour récupérer du sucre. La première consiste à trouver et vaincre des sorcières. Ces dernières peuvent lâcher jusqu'à 6 sucres une fois à terre. La deuxième méthode, un peu plus sûre, est de trouver un ou plusieurs plants de canne à sucre et d'en faire la culture à proximité de votre abri. Ainsi, vous aurez toujours une réserve de sucre disponible pour vos recettes d'alchimie. Pour optimiser la culture de la canne à sucre, il faut planter dans de la terre (ou du sable, de l'herbe) la canne à sucre autour d'un bloc d'eau. Ce bloc d'eau permet de faire pousser quatre plants de canne à sucre. Un plant croît en moyenne de 3 blocs en hauteur (parfois 4). Pour récolter la canne à sucre sans avoir à replanter le plant, le mieux est d'attendre la pousse complète et de le frapper au milieu afin de faire tomber 2 cannes à sucre. Pour transformer ensuite la canne à sucre en sucre, placez-la sur un établi.

## Le poisson-globe

**L**'unique moyen de récupérer cet ingrédient est de vous confectionner une canne à pêche et de trouver un point d'eau. La confection de la canne à pêche est simple à réaliser. Elle se compose de 3 bâtons et 2 ficelles (que vous trouverez sur des araignées ou dans les mines abandonnées, en frappant les toiles d'araignées). Pour augmenter vos chances d'attraper un poisson-globe, il est conseillé d'appliquer sur votre canne à pêche l'enchantement nommé "appât" (enchantement que vous pouvez améliorer). Vous aurez peut-être besoin de vous y reprendre à plusieurs fois pour appliquer le bon enchantement.

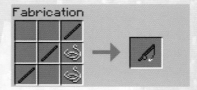

omme il n'y a que 3 enchantements possibles pour une canne à pêche ("chance de la mer" pour augmenter les chances de pêcher des trésors, "solidité" pour augmenter la durabilité de la canne et "appât"), vous devriez rapidement tomber sur le bon. Le poisson-globe se plonge tel quel dans les potions. Il faut juste vous armer de patience pour en récupérer un.

## L'appât

'enchantement "appât" permet de diminuer le temps d'attente entre chaque prise de 5 secondes par niveau d'enchantement, et d'augmenter les chances d'attraper des poissons plutôt que des trésors ou des déchets.

# La pastèque scintillante

**C**omme son nom l'indique, cet ingrédient est composé d'une pastèque et de pépites d'or (comme la carotte dorée). La pastèque est un fruit qui apparaît naturellement dans les biomes jungle. Avant d'en faire la culture, vous allez devoir voyager. La jungle est un biome qui se reconnaît facilement à ses arbres de très haute taille et ses lianes. Si vous avez appliqué l'enchantement "toucher de soie" sur l'un de vos outils, vous pourrez récupérer directement le bloc de pastèque. Autrement, vous en récolterez des tranches (de 3 à 7). Pour créer une pastèque scintillante, il faut placer une tranche de pastèque sur un établi et l'entourer de 8 pépites d'or.

**L**a culture de la pastèque ressemble aux autres cultures. Vous devez, à l'aide d'une houe, labourer la terre, puis planter vos graines. Ces dernières peuvent s'extraire en posant simplement une tranche de pastèque sur un établi. Lorsque la pastèque

se développe, elle prend deux blocs : le premier labouré, où vous avez planté la graine, et le second (qui doit être un bloc de terre) sur lequel se développera la pastèque. Vous devez également prévoir de placer de l'eau au maximum à 4 blocs de distance de vos plantations. Lorsque la pastèque arrivera à maturité, vous pourrez en récupérer les tranches et un nouveau fruit se développera tant que la tige sera présente. La pastèque peut notamment servir à créer une potion banale si elle est plongée dans une fiole d'eau.

## Optimiser la culture

**E**n plaçant des torches autour de vos plantations de pastèque, vous assurerez une luminosité constante qui permettra à vos plants de se développer également la nuit.

# Œil d'araignée

Cet ingrédient ne s'obtient qu'en combattant des araignées, des araignées bleues (que l'on rencontre dans les mines abandonnées) et des sorcières. Ces dernières peuvent lâcher jusqu'à 6 yeux d'araignées lorsqu'elles sont vaincues. Les araignées se rencontrent souvent pendant les séances de minage et d'exploration. Elle apparaissent dans le monde la nuit, ou lorsque la luminosité est de 7 ou moins (grottes, forêts sombres, etc.). Notez qu'une araignée rencontrée pendant la journée n'est pas obligatoirement agressive. Ne sous-estimez pas un groupe d'araignées, même si leurs dégâts paraissent faibles. Elles sont capables de sauter et de se déplacer assez rapidement.

Vous pouvez les combattre à l'épée, mais l'arc reste un moyen efficace pour les blesser tout en les repoussant. Elles sont assez grosses et représentent une cible simple à atteindre. L'œil d'araignée est très utile pour créer un modificateur de potion. Aussi, n'hésitez pas à en stocker un bon nombre.

## L'araignée bleue

L'araignée bleue est plus petite et peut se faufiler dès qu'elle trouve une ouverture de 1 bloc de hauteur. Elle peut également sauter et est plus venimeuse que l'araignée que vous pouvez  rencontrer en extérieur. L'araignée bleue vit principalement dans les mines.

## Larme de ghast

**V**ous l'avez déjà vu quelques pages auparavant, le ghast est une créature du Nether que vous pourrez rencontrer assez fréquemment. Outre la poudre à canon, cette créature peut, une fois détruite, lâcher une larme de ghast. Cet ingrédient peut servir pour créer une potion banale (la base pour créer les potions de faiblesse) ou un autre type de potion, si l'ingrédient est placé dans une potion malsaine. Lorsque vous affrontez un ghast, soyez assuré d'avoir une bonne armure, car les boules de feu qu'il vous lance sont explosives et peuvent faire de gros dégâts.

**V**ous avez vu cet ingrédient, utilisé dans la création de la crème de magma. La poudre de feu peut également s'utiliser seule dans une potion. Pour en récupérer, il faut trouver des blazes et des bâtons de blaze, qui peuvent donner 2 poudres de feu. Cet ingrédient, plongé dans une fiole d'eau, donnera une potion banale. Mais pour créer ce type de potion, mieux vaut utiliser un autre ingrédient, car la poudre de feu sera toujours plus utile pour concocter les potions de force.

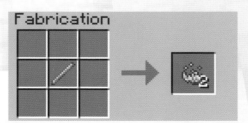

Fabrication

# Potions et recettes

**V**ous avez vu comment créer les potions malsaines et banales et comment récupérer les ingrédients nécessaires à la confection de potions. Il est temps maintenant de s'attarder sur les effets des différentes potions.

**V**ous trouverez dans ces pages toutes les recettes pour fabriquer vos potions. N'oubliez pas que les potions que vous concoctez ne peuvent s'utiliser que sur votre personnage. Il faut les transformer en potions volatiles (ou jetables) pour les utiliser contre les monstres, sur vos alliés, ou pour affaiblir d'autres joueurs en PvP. Vous pouvez également bénéficier des effets d'une potion volatile en avançant dans la zone où la potion a été jetée. La durée des effets est cependant souvent moindre. Retenez tout de même que si vous jetez une potion en l'air et que vous vous la prenez sur la tête, vous bénéficierez de la totalité de la durée de l'effet.

# Potion de vision nocturne

**Ingrédients** : potion malsaine, carotte dorée

**Modificateurs** : poudre de redstone, poudre à canon

Cette potion modifie votre vision et vous permet de **voir dans l'obscurité totale**. Cette potion est également très utile lors de l'exploration du temple sous-marin. En insérant la carotte dorée dans la potion malsaine, vous obtenez une potion dont la durée est de 3 minutes. En plaçant ensuite de la poudre de redstone dans cette potion, vous augmenterez la durée de l'effet, qui passera alors à 8 minutes. En mélangeant de la poudre à canon dans cette potion, vous la transformerez en potion volatile de vision nocturne. La durée de l'effet passe alors à 2 minutes et 15 secondes.

# Potion d'invisibilité

**Ingrédients** : potion de vision nocturne, œil d'araignée fermenté

**Modificateurs** : poudre de redstone, poudre à canon

**C**omme son nom l'indique, la potion d'invisibilité **rend votre personnage invisible**. Attention cependant, les armures ou les objets portés à la main restent visibles. Pour la créer, il faut placer un œil d'araignée fermenté dans la potion de vision nocturne. La durée de base de la potion est de 3 minutes. À l'aide de la poudre de redstone, vous pouvez la prolonger jusqu'à 8 minutes. En utilisant la poudre à canon, vous la transformerez en potion volatile d'invisibilité. La durée est de 2 minutes et 15 secondes. Vous pouvez la porter à 6 minutes en ajoutant à nouveau de la poudre de redstone. Tant que vous n'attaquez pas un monstre, vous pourrez vous en approcher. Soyez tout de même prudent avec les creepers.

# Potion de saut

**Ingrédients** : potion malsaine, patte de lapin

**Modificateurs** : poudre lumineuse, poudre à canon

À l'aide de cette potion, vous allez pouvoir **augmenter considérablement vos sauts**. Cette potion peut être très utile pendant l'exploration du Nether et également en joueurs contre joueurs. Placez simplement une patte de lapin dans une potion malsaine pour obtenir la potion de saut. La durée de l'effet de cette potion est de 3 minutes. En ajoutant de la poudre lumineuse, vous pourrez augmenter la capacité de saut. La potion devient alors une potion de saut améliorée et sa durée est de 1 minute et 30 secondes. Avec la poudre à canon, vous pourrez transformer la potion de saut en potion volatile de saut. La durée de l'effet est alors de 2 minutes et 15 secondes. Une fois encore, à l'aide de la poudre lumineuse, vous pourrez augmenter la capacité de saut. La durée sera alors de 1 minute et 7 secondes.

## Potion de résistance au feu

**Ingrédients** : potion malsaine, crème de magma

**Modificateurs** : poudre de redstone, poudre à canon

Cette potion très puissante vous permet de **résister au feu**. Vous ne subirez aucun dégât en marchant sur de la lave. Les boules de feu des monstres comme le blaze ou le ghast n'auront pour effet que de vous chatouiller. La durée de l'effet de cette potion est de 3 minutes. En utilisant la poudre de redstone, vous pourrez allonger la durée de l'effet à 8 minutes. La poudre à canon permet de transformer cette potion en potion volatile dont la durée de l'effet est de 2 minutes et 15 secondes. Avec la poudre de redstone, vous pourrez augmenter la durée de l'effet à 6 minutes. Notez que si vous avez une pomme rouge et que vous l'entourez sur un établi de 8 blocs d'or (un bloc d'or se forme à l'aide de 9 lingots), vous obtiendrez une pomme dorée enchantée, qui, lorsque vous la mangerez, vous fera bénéficier de plusieurs bonus (régénération, résistance, absorption et résistance au feu).

# Potion de rapidité

**Ingrédients** : potion malsaine, sucre

**Modificateurs** : poudre de redstone, poudre lumineuse, poudre à canon

**A**ugmenter votre vitesse de déplacement, c'est possible à l'aide de cette potion. Placez du sucre dans votre potion malsaine et vous obtiendrez un bonus de rapidité de 20% pendant 3 minutes. La poudre de restone augmente la durée de l'effet à 8 minutes et la poudre lumineuse porte le bonus de vitesse à 40%. En contrepartie, elle ralentit la durée de l'effet à 1 minute et 30 secondes. L'utilisation de la poudre à canon transformera votre potion en potion volatile.

# Potion de lenteur

**Ingrédients** : potion de saut ou potion de résistance au feu ou potion de rapidité, œil d'araignée fermenté

**Modificateurs** : poudre de redstone, poudre à canon

Concoctée à partir d'une potion de saut, de rapidité ou de résistance au feu, cette mixture prend tout son sens lorsqu'elle est transformée en potion volatile. Elle permet en effet de **ralentir de manière importante votre adversaire**. Pour la créer, placez une des potions citées plus haut et ajoutez un œil d'araignée fermenté. La durée de l'effet est de 1 minute et 30 secondes. Avec la poudre de redstone, vous portez l'effet à 4 minutes. Transformée en potion volatile avec la poudre à canon, son effet est de 1 minute et 7 secondes. Vous pouvez allonger la durée de l'effet en ajoutant de la poudre de redstone.

# Potion de respiration

**Ingrédients** : potion malsaine, poisson-globe

**Modificateurs** : poudre de redstone, poudre à canon

**S**i vous avez découvert un **temple englouti**, cette potion est indispensable pour vous en permettre l'**exploration**. Pour fabriquer cette potion, il vous faut avoir récupéré des poissons-globes. La durée de l'effet est de 3 minutes, que vous pouvez allonger à 8 minutes en utilisant la poudre de redstone. Comme pour toutes les potions, vous pouvez la transformer en potion volatile de respiration en utilisant la poudre à canon. La durée de l'effet est alors de 2 minutes et 15 secondes pour la potion volatile de base, et 6 minutes si vous insérez de la poudre de redstone.

# Potion de santé instantanée

**Ingrédients** : potion malsaine, pastèque scintillante

**Modificateurs** : poudre de redstone, poudre lumineuse, poudre à canon

Cette potion vous permet de **récupérer** de manière immédiate **2 cœurs** (soit l'équivalent de 4 points de vie). Contrairement à la plupart des potions, celle-ci ne possède pas de durée d'effet. Pour la fabriquer, plongez une pastèque scintillante dans votre potion malsaine. À l'aide de la poudre lumineuse, vous pouvez augmenter l'efficacité de la potion et créer une potion de santé instantanée de niveau 2. Elle vous fera gagner 4 cœurs (soit 8 points de vie). La poudre à canon vous permet de transformer cette potion en potion volatile. Jetée sur un zombie, elle lui enlèvera 2 ou 4 cœurs, selon la puissance de la potion.

# Potion de poison

**Ingrédients** : potion malsaine, œil d'araignée

**Modificateurs** : poudre de redstone, poudre lumineuse, poudre à canon

Cette potion se fabrique en intégrant un œil d'araignée dans une potion malsaine. Cette potion est surtout utilisée en potion volatile. Insérez de la poudre à canon pour la transformer. La poudre de redstone peut augmenter la durée de l'effet et la poudre lumineuse rend le poison plus violent. Attention, contre un **squelette ou un zombie**, cette potion leur redonnera des points de vie.

# Potion de dégâts

**Ingrédients** : potion de respiration ou potion de santé instantanée ou potion de poison, œil d'araignée fermenté

**Modificateurs** : poudre lumineuse

La potion de dégâts permet d'**enlever** de manière instantanée **3 cœurs**. Elle se fabrique à l'aide d'une potion de respiration, de santé instantanée ou de poison, en insérant un œil d'araignée fermenté. Transformez-la en potion volatile à l'aide de la poudre à canon. Vous pouvez ensuite en augmenter la puissance à l'aide de la poudre lumineuse. La potion de dégâts instantanés de niveau 2 retire 6 cœurs à la cible atteinte. Utilisée contre les zombies ou squelettes, cette potion leur redonne des points de vie.

# Potion de régénération

**Ingrédients** : potion malsaine, larme de ghast

**Modificateurs** : poudre de redstone, poudre lumineuse, poudre à canon

Voilà une potion bien utile lors de combats un peu longs. Elle permet de **récupérer des points de vie** au fur et à mesure. La durée de l'effet pour la potion de base est de 45 secondes. À l'aide de la poudre de redstone, vous pouvez en augmenter la durée jusqu'à 2 minutes. La poudre lumineuse réduit le temps de l'effet mais augmente la vitesse de régénération de vos points de vie. Comme pour toutes les autres potions, la poudre à canon la transforme en potion volatile. Vous pouvez ensuite la rendre plus puissante ou augmenter la durée de l'effet.

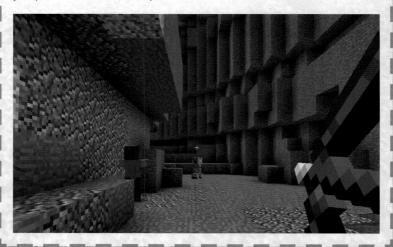

# Potion de Force

**Ingrédients** : potion malsaine, poudre de blaze

**Modificateurs** : poudre de redstone, poudre lumineuse, poudre à canon

Cette potion **augmente** le nombre de **dégâts** que vous infligez à vos ennemis. La potion de force basique augmente vos dégâts de 130% et sa durée est de 3 minutes. En ajoutant la poudre de redstone, la durée de l'effet passe à 8 minutes. La poudre lumineuse réduit la durée de la potion à 1 minute et 30 secondes mais porte le bonus de dégâts à 260%. Ajoutez de la poudre à canon pour la transformer en potion volatile. La durée de l'effet est alors réduite. La version la plus puissante de cette potion permet de se débarrasser de certains ennemis en un seul coup.

# Potion de faiblesse

**Ingrédients** : potion banale, œil d'araignée fermenté

**Modificateurs** : poudre de redstone, poudre à canon

La potion de faiblesse est généralement utilisée en potion volatile, afin de **réduire les dégâts** que les monstres vous infligent. Cette potion diminue les dégâts des ennemis de 50%. Utilisez la poudre à canon pour créer la potion de faiblesse volatile et la poudre de redstone pour porter la durée de l'effet à 3 minutes. Couplée avec l'effet d'une potion de force, la potion de faiblesse vous permet de vaincre vos ennemis les plus puissants de façon radicale. Lorsque vous jetez votre potion, prenez garde à ne pas être trop proche de vos ennemis, afin de ne pas subir vous-même les effets de cette potion.

# La machine à potions
## de MrCrayfish

Voilà une machine parfaite pour les alchimistes professionnels. Elle automatise la création de potions, et vous n'aurez qu'à vous concentrer sur la recherche d'ingrédients.

## Objets nécessaires

Poudre de redstone
Torche de redstone
Répéteurs
Dropper
Entonnoir
Bouton
Cadre
Alambic

'idée de cette machine est de sélectionner, à l'aide de la flèche centrale située dans le cadre, un ingrédient qui sera utilisé dans la potion. Un clic droit sur la flèche la fait tourner et pointe vers l'ingrédient désiré. Lorsque vous avez choisi, appuyez sur le bouton pour activer la machine, et le dropper contenant l'ingrédient va le lâcher dans l'entonnoir, qui va ensuite le faire tomber dans l'alambic. La difficulté réside donc dans le fait de contrôler les droppers de manière indépendante, de sorte que lorsque vous avez cliqué sur la flèche pour pointer un ingrédient, cela sélectionne le bon dropper. Vous allez voir, ce n'est pas si complexe que ça !

## Le cadre

orsque vous placez un objet dans un cadre, vous pouvez en changer l'orientation à l'aide d'un clic droit. Comme pour les objets de type distributeur ou coffre, l'orientation de l'objet produit un courant redstone. Ce courant se propage de 1 à 8 blocs (l'objet peut prendre 8 positions différentes). Il faut ensuite récupérer ce courant redstone. Pour cela, placez un comparateur sur le bloc adjacent, en l'occurrence, derrière le mur sur lequel vous aurez placé le cadre de votre sélecteur.

Ce petit système (un mur, un cadre avec un objet dedans, un comparateur derrière et de la poudre de redstone) va fonctionner comme un potentiomètre qui vous permet de choisir la puissance du courant. Dans cette machine, cette puissance va symboliser en fait quel objet vous choisissez de faire tomber dans l'alambic.

## Les droppers

Contrairement aux distributeurs, un dropper ne fait que lancer l'objet au sol. Il ne l'utilise pas. Un distributeur qui contient, par exemple, une potion volatile, consommerait l'objet au moment où le distributeur serait activé, alors que le dropper ne ferait que le placer au sol et le rendre disponible à un joueur. Lorsqu'un courant redstone arrive à proximité d'un dropper, ce dernier s'active et libère l'objet qu'il contient. Vous pouvez placer les droppers sur le côté du courant redstone généré avec

des objets à l'intérieur pour tester votre potentiomètre. À chaque fois que vous tournez l'objet dans le cadre, le courant augmente sa portée et actionne le dropper situé plus loin. Sauf que lorsque vous revenez au

premier, il ne lâche pas l'objet qu'il contient. De plus, ce système rudimentaire possède un inconvénient. Si un courant important alimente tous les droppers, ils lâcheront chacun un objet, et ce n'est pas ce que vous souhaitez. De plus, le potentiomètre doit sélectionner le dropper qui sera alimenté, mais pas l'activer. Il faut donc créer un système redstone pour contrôler de manière précise tout cela.

## Le circuit redstone

Sur le côté du courant produit par le potentiomètre, placez une série de répéteurs, une série de blocs au-dessus et en face des répéteurs, puis à nouveau des répéteurs sur les blocs en face. Enfin, placez une série de torches de l'autre côté et des blocs au-dessus. Selon la position de votre flèche dans le cadre, le courant passera plus ou moins loin et éteindra les torches de redstone, ce qui

empêchera les droppers non alimentés de fonctionner et de lâcher des objets non désirés.

# Chapitre 5

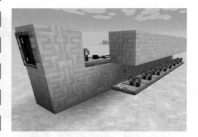

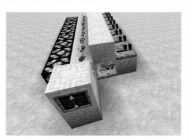

**P**our empêcher les droppers d'être actionnés lorsqu'on tourne l'objet dans le cadre, vous allez placer une série de blocs au-dessus de la deuxième série de répéteurs. De cette manière, lorsque vous tournerez votre potentiomètre, vous allez simplement éteindre les torches situées sous les droppers qui ne vous intéressent pas, et allumer les répéteurs jusqu'au dropper sélectionné. Ainsi, vous alimenterez uniquement le dropper qui vous intéresse.

**I**l faut ensuite créer un système qui va donner une impulsion pour activer le dropper. Placez de la poudre de redstone sur la série de blocs au-dessus des répéteurs, puis un bouton à côté du mur où vous avez placé vos cadres, et une torche de redstone derrière le bloc où vous avez mis le bouton. Cette torche va alimenter la poudre de redstone, qui elle-même activera le dropper. Lorsque vous appuyez sur le bouton, le courant se

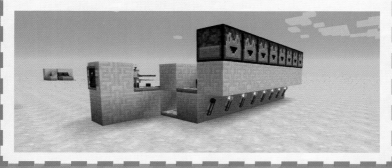

coupe, puis se réactive, donnant une impulsion qui va activer le dropper que vous aurez choisi, et uniquement celui-là. Le dropper lâchera l'ingrédient dans l'entonnoir, qui le déposera ensuite dans l'alambic. Répétez ce circuit à nouveau pour permettre de choisir d'autres ingrédients à placer dans votre alambic et concevoir ainsi tous types de potions.

## Les entonnoirs

**P**lacez les entonnoirs devant vos droppers. Ils recevront les ingrédients lâchés et les amèneront jusqu'au dernier entonnoir situé au-dessus de l'alambic. Les ingrédients tomberont alors à l'emplacement prévu.

## L'alambic

**C**e petit système automatise la pose de vos fioles dans l'alambic. Placez un dropper dont la sortie sera située vers le haut, puis votre alambic au-dessus de ce dropper (shift clic pour le poser sur le dropper sans ouvrir l'inventaire du dropper) et sur l'un des côtés, posez un entonnoir dont la sortie est reliée à l'alambic. Placez également un bouton sur le dropper. Vous pouvez habiller l'entonnoir avec des escaliers afin de jeter plus facilement vos fioles dans l'entonnoir. Ensuite, en activant le bouton, le dropper placera vos fioles sur l'alambic automatiquement.

Il ne reste plus qu'à habiller l'ensemble et à placer vos ingrédients dans les droppers correspondants, et votre machine est fin prête ! Cette construction nécessite plusieurs actions de votre part (collecter et placer les ingrédients dans les droppers, placer vos fioles), mais le système de sélection des ingrédients est très agréable à utiliser. Il existe d'autres principes automatisés de création de potions. Celui de Minecraft Zephirr, notamment, est assez différent et très intéressant également. Vous pouvez aller voir la vidéo sur sa chaîne YouTube "Crafteur de potion 100% automatique".

# Chapitre 6

# Recettes d'alchimiste

Vous l'avez vu, créer des potions demande d'explorer l'univers de Minecraft régulièrement, et de s'équiper correctement pour survivre dans le Nether. Voici un récapitulatif de recettes indispensables, ou du moins vivement conseillées pour tout apprenti alchimiste.

| Objet | Ingrédients | Résultat |
|-------|-------------|----------|
| Alambic | pierre x 3, bâton de blaze | |
| Verre | fourneau, charbon, sable | |
| Fiole | verre x 3 | |
| Seau | lingot de fer x 3 | |
| Coffre | planche x 8 | |

| Objet | Ingrédients | Résultat |
|---|---|---|
| Barrière | planche x 4<br>bâton x 2 | |
| Sucre | canne à sucre | |
| Pioche en diamant | diamant x 3<br>bâton x 2 | |
| Briquet | lingot de fer, silex | |
| Table d'enchantement | obsidienne x 4,<br>livre, diamant x 2 | |
| Houe en pierre | pierre x 2, bâton x 2 | |
| Carotte dorée | carotte,<br>pépite d'or x 8 | |

| Objet | Ingrédients | Résultat |
|-------|-------------|----------|
| Crème de magma | boule de slime, poudre de feu | |
| Pastèque scintillante | tranche de pastèque, pépite d'or x 8 | |
| Poudre de feu | bâton de blaze | |
| Arc | ficelle x 3, bâton x 3 | |
| Flèche | silex, bâton, plume | |
| Épée en diamant | diamant x 2, bâton x 2 | |
| Canne à pêche | bâton x 3, ficelle x 2 | |

| Objet | Ingrédients | Résultat |
|-------|-------------|----------|
| Pelle en fer | lingot en fer, bâton x 2 | Fabrication |
| Cadre | cuir, bâton x 8 | Fabrication |
| Œil d'araignée fermenté | champignon brun, œil d'araignée, sucre | Fabrication |
| Pépite d'or | lingot d'or | Fabrication |
| Casque en fer | lingot en fer x 5 | Fabrication |
| Jambières en fer | lingot en fer x 7 | Fabrication |
| Plastron en fer | lingot en fer x 8 | Fabrication |

# Chapitre 6

| Objet | Ingrédients | Résultat |
|---|---|---|
| Bottes en fer | lingot en fer x 4 | |
| Enclume | bloc de fer x 3, lingot en fer x 4 | |
| Bloc en fer | lingot x 9 | |
| Établi | planche x 4 | |
| Fourneau | pierre x 8 | |
| Bibliothèque | planche x 6, livre x 3 | |
| Livre | papier x 3, cuir | |

**Le guide Minecraft de l'alchimiste**

J'espère que ce petit guide vous permettra de mieux comprendre le fonctionnement des potions dans Minecraft. Le contenu se réfère à la version 1.8.4. À ce jour, l'alchimie ne semble pas trop concernée par des modifications pour les prochaines mises à jour.

Merci à tous ceux qui ont permis à ce petit livre d'exister, et pensées spéciales pour Ana, Tom, Axel, Richard, Bubu, Émilie, Anne-Marie, Matt Murdock, Jonathan et Cyrille-Gambas.